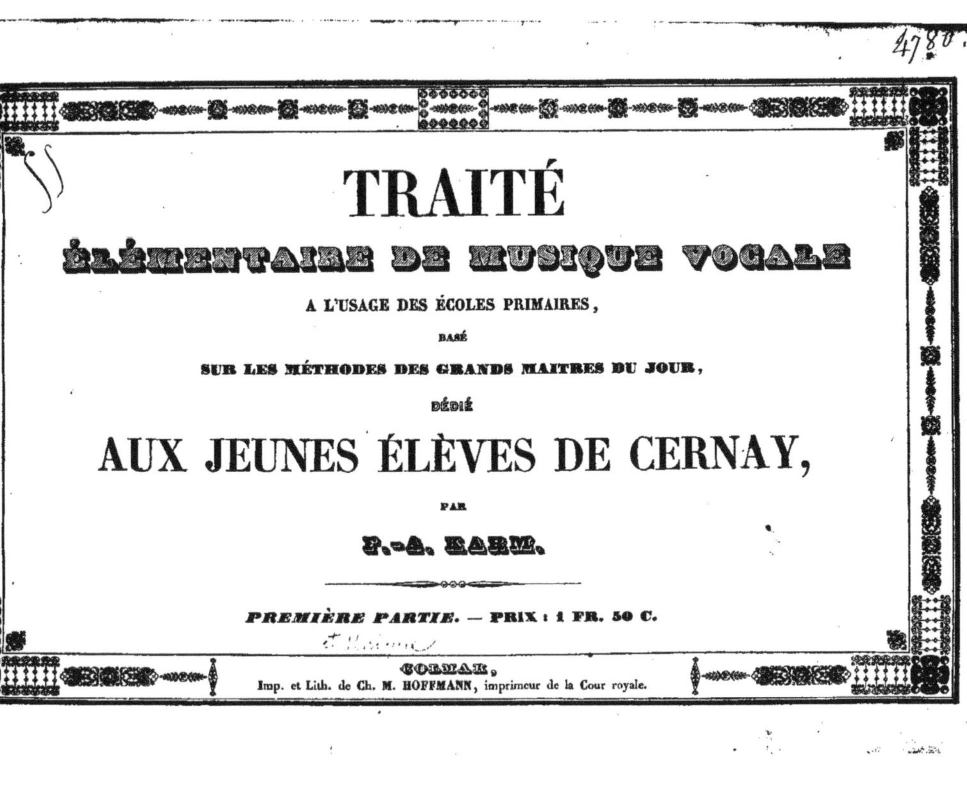

TRAITÉ

ÉLÉMENTAIRE DE MUSIQUE VOCALE

A L'USAGE DES ÉCOLES PRIMAIRES,

BASÉ

SUR LES MÉTHODES DES GRANDS MAITRES DU JOUR,

DÉDIÉ

AUX JEUNES ÉLÈVES DE CERNAY,

PAR

F.-A. KARM.

PREMIÈRE PARTIE. — **PRIX : 1 FR. 50 C.**

COLMAR,
Imp. et Lith. de Ch. M. HOFFMANN, imprimeur de la Cour royale.

CHAPITRE Ier

La musique est l'art de combiner les sons d'une manière agréable à l'oreille.

Pour bien chanter, il faut avoir reçu de la nature un organe sonore, et l'avoir cultivé par l'exercice de la lecture de la musique.

Il faut généralement augmenter le degré de force de son en passant du grave à l'aigu, et affaiblir en descendant de l'aigu vers le grave. Cette règle s'observe aussi bien entre deux notes qu'entre un plus grand nombre de sons.

Il faut encore en chantant, 1° se tenir dans une position naturelle et porter la tête droite sans roideur; 2° avoir la bouche souriante et médiocrement ouverte; 3° ne pas laisser prendre à la physionomie un caractère sombre, et éviter de faire aucune grimace.

84

Escalier vocale. Gamme diatonique solfiée, vocalisée, chantée.

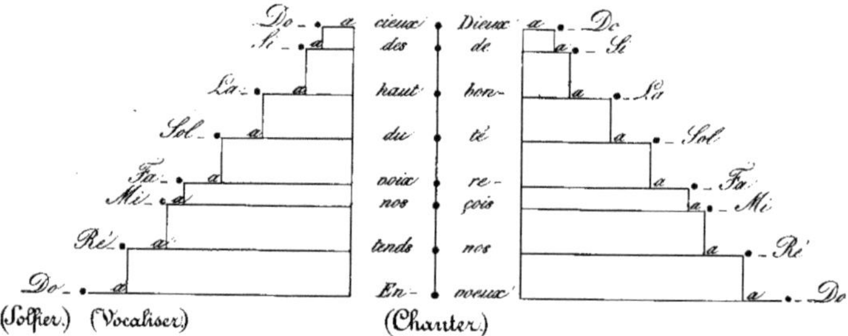

Demandes.	Réponses.
1. Comment appelle-t-on tout ce que l'oreille entend ?	1. Des Sons.
2. Comment nomme-t-on les sons que la voix peut suivre et imiter en chantant ?	2. Sons musicaux.
3. Qu'est-ce que produit une succession de sons musicaux ?	3. De la musique.
4. Comment appelle-t-on la musique composée pour les instruments ?	4. Musique instrumentale.

D.	R.
5. Quels sont les exercices par lesquels on procède pour étudier la musique vocale?	5. Solfier, Vocaliser, Chanter.
6. Qu'est ce que solfier?	6. Solfier c'est donner à chaque son l'espèce de nom propre qui lui appartient, comme: Do, Ré, Mi, Fa, Sol, La, Si.
7. Proférer tous les sons avec une même voyelle c'est?.....	7. Vocaliser.
8. Émettre tous les sons en prononçant des paroles c'est?.....	8. Chanter.
9. Comment nomme-t-on la distance d'un ton à un autre, plus haut ou plus bas?	9. Intervalle.
10. Quel est l'intervalle: do ré?	10. Un ton.
11. Quel est l'intervalle: mi fa?	11. Un demi-ton.
12. Nommez deux notes à distance d'un ton?	12. Do ré, ré mi, fa sol, sol la, la si.
13. Nommez deux notes à distance d'un demi-ton?	13. Mi fa, si do, ou fa mi, do si.
14. Comment nomme-t-on la suite des huit notes de l'escalier vocal?	14. Gamme.

D.	R.
15. Combien la gamme comprend-elle de tons et de demi-tons?	15. Cinq tons et deux demi-tons.
16. Comment appelle-t-on la gamme qui procède principalement par tons consécutifs?	16. Gamme diatonique.

CHAPITRE II.

Figures des notes et des silences.

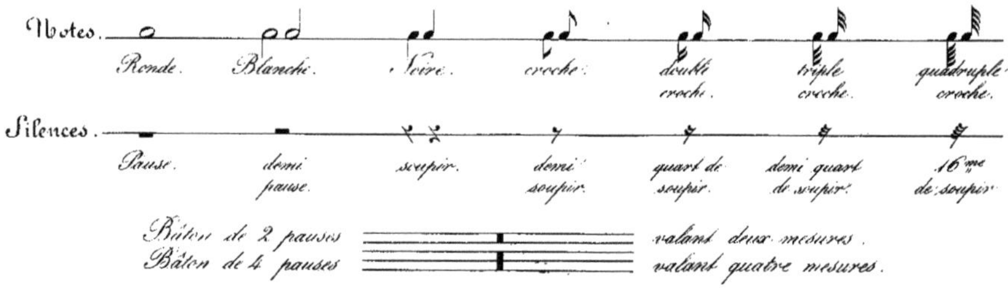

Tableau de la valeur des notes.

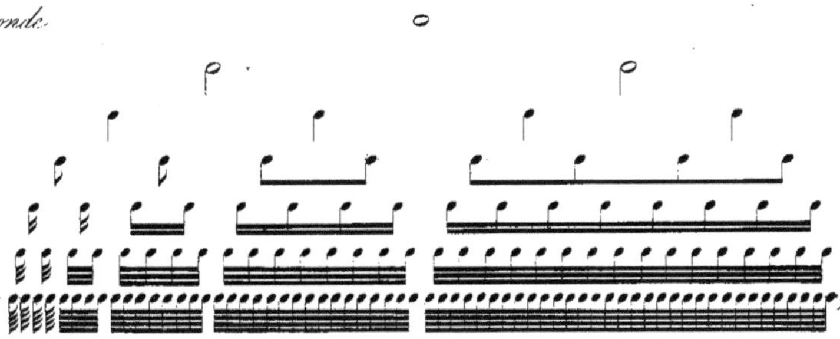

La ronde

vaut 2 blanches.

ou 4 noires.

ou 8 croches.

ou 16 double-croches.

ou 32 triple-croches.

ou 64 quadruple-croches.

Un point après une note augmente sa valeur de moitié.

Notes pointées....

Leur valeur....

D.	R.
1. Comment appelle-t-on les caractères dont on se sert pour écrire la musique?	1. Notes.
2. Comment nomme-t-on les signes employés pour remplacer les notes?	2. Silences.
3. A quoi servent les silences?	3. Ils servent à remplacer les notes quand la voix ou l'instrument doit s'interrompre ou se taire.
4. Nommez les figures des notes?	4. Ronde, Blanche, Noire, Croche, double-croche, triple-croche, quadruple-croche.
5. Nommez les silences?	5. Pause, demi-pause, soupir, demi-soupir, quart de soupir, demi-quart de soupir, 16me de soupir.
6. Quelle est la valeur de la ronde?	6. La ronde vaut deux blanches, ou quatre noires, ou huit croches, ou seize doubles-croches, &c.
7. id. ——— de la blanche?	7. La blanche vaut deux noires, ou quatre croches, ou 8 doubles-croches ou 16 triples-croches &c.
8. id. ——— de la noire?	8. La noire vaut deux croches, ou quatre doubles-croches, ou 8 triple-croches &c.
9. id. ——— de la croche?	9. La croche vaut deux double-croches, ou quatre triple-croches, ou 8 quadruple-croches.
10. id. ——— de la double-croche?	10. La double-croche vaut deux triple-croches ou quatre quadruple-croches.

D.	R.
11. Quelle est la valeur de la triple-croche ?	11. La triple-croche vaut 2 quadruple-croches.
12. id. ——— de la ronde pointée ?	12. La ronde pointée vaut une ronde et une blanche.
13. id. ——— de la blanche pointée ?	13. La blanche pointée vaut une blanche et une noire.
14. id. ——— de la noire pointée ?	14. La noire pointée vaut une noire et une croche.
15. id. ——— de la croche pointée ?	15. La croche pointée vaut une croche et une double-croche.
16. id. ——— de la triple-croche pointée ?	16. La triple-croche pointée vaut une triple-croche et une quadruple-croche.
17 Comment nomme-t-on un silence d'une mesure ?	17. Pause.
18. et un silence d'une blanche ?	18. Demi-Pause.
19. id. ——— d'une noire ?	19. Soupir.
20. id. ——— d'une croche ?	20. Demi-Soupir.
21. id. ——— d'une double-croche ?	21. Quart de soupir.
22. id. ——— d'une triple-croche ?	22. Demi-quart de soupir.
23. id. ——— d'une quadruple-croche ?	23. 16me de soupir.

CHAPITRE III.

Des différentes mesures.

Il y a deux sortes de mesures dans la musique, la mesure paire et la mesure impaire.
La mesure paire consiste en deux ou quatre temps égaux et se bat ainsi :

La mesure impaire consiste en trois temps égaux et se bat.....

Chaque mesure est toujours séparée de l'autre par une barre, qui traverse la portée.

Indication des diverses mesures au commencement d'un morceau, après la clef.

C	₵	2/4	2/8	3/4	3/8	3/2	6/8	6/4	9/8	12/8
4 temps	2 temps	2 temps	2 temps	3 temps	3 temps	3 temps	2 ou 4 temps	2 temps	3 temps	4 temps

1. Comment nomme-t-on les mouvements que l'on fait pour battre la mesure ? — 1. Temps.
2. Qu'est ce que des temps ? — 2. Ce sont des mouvements égaux.
3. Comment nomme-t-on la mesure marquée par quatre mouvements ? — 3. Mesure à quatre temps.
4. Battez les mesures à deux, à quatre et à trois ? — 4. ....

CHAPITRE IV.

Figures des Clefs.

Clef de Sol... 𝄞 Clef de Fa... 𝄢 Clef d'Ut... 𝄡

La Clef de sol se pose sur la seconde ligne de la portée, et la note placée sur cette ligne s'appelle sol. La Clef de fa se pose sur la quatrième ligne de manière que cette ligne se trouve entre les deux points de la clef; la note placée sur cette ligne s'appelle fa. La clef d'ut se pose tantôt sur la première, tantôt sur la troisième et tantôt sur la quatrième ligne: la note placée sur la même ligne qu'elle s'appelle ut.

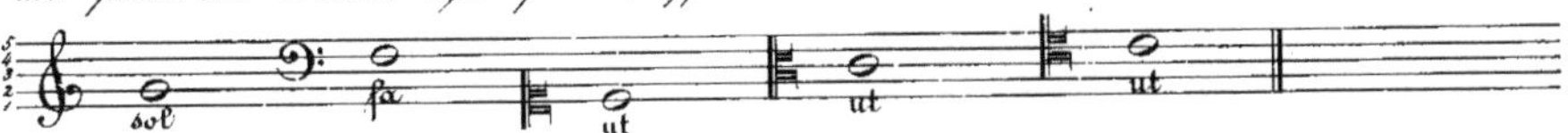

Diapason des voix.

sol
fa
Basse (voix d'homme.)
Premier dessus ou Soprano primo (voix de femme ou d'enfant.)
Ténore (voix d'homme.)

Lecture des lignes, interlignes et lignes supplémentaires de la portée avec 𝄞.

1. Comment nomme-t-on en musique, un assemblage de cinq lignes horizontales qui se comptent de bas en haut ?	1. Une portée musicale.
2. Comment nomme-t-on le nombre de sons diatoniques qu'une voix peut parcourir ?	2. Diapason.
3. Quel est le degré d'élévation de l'Ut de la clef d'Ut pour les voix d'hommes et pour les voix de femmes ou d'enfants ?	3. L'Ut de la clef d'Ut est grave pour les dessus et aigu pour la basse et pour le ténore.
4. A quelle distance les clefs de Sol et de Fa se trouvent-elles de la clef d'Ut ?	4. Cinq notes diatoniques au dessus de la clef d'Ut c'est la clef de Sol et cinq notes au dessous c'est la clef de Fa.
5. Où se pose la clef de Sol ?	5. Sur la deuxième ligne de la portée.
6. id. la clef de Fa ?	6. Sur la quatrième ligne.
7. id. la clef d'Ut ?	7. Sur la première, troisième et quatrième lignes.

CHAPITRE V.

On emploie en musique certains mots italiens ou leur abréviations et quelques autres signes pour marquer les principales nuances de goût et d'expression; tels sont. Piano *ou* P. *pour exécuter à demi-voix.* Pianissimo *ou* P.P. *très doux;* Forté *ou* F. *fort;* Fortissimo *ou* F.F. *très fort;* Crescendo *ou* Cres: < *pour augmenter progressivement la force d'un son ou d'une succession de sons;* Decrescendo *ou* Decres: > *pour commencer fort et diminuer progressivement;* Liaison ⌒ *pour lier deux ou plusieurs notes.*

Signes usuels et indépendants de la figure des notes et des silences.

Renvoi.... 𝄋 Da capo al segno, ou D.C. al 𝄋

CHAPITRE VI.

Gamme chromatique.

Chacun des cinq tons de la gamme diatonique peut se partager en deux demi-tons, ce qui produit une succession de douze demi-tons.

D.	R.
1. Comment nomme-t-on la gamme qui procède par demi-tons consécutifs ?	1. Gamme chromatique.
2. De quels signes se sert-on sur la musique pour indiquer l'élévation ou l'abaissement d'un demi-ton ?	2. On place devant les notes un dièse (♯). ou un bémol (♭).
3. Quel est l'effet du dièse ?	3. Le dièse fait élever l'intonation musicale d'un demi-ton.
4. Quel est l'effet du bémol ?	4. Le bémol fait baisser d'un demi-ton.
5. id. ———— du bécarre ?	5. Le bécarre détruit l'effet du dièse et du bémol.
6. Pourquoi emploie-t-on le double dièse (𝄪) ?	6. Pour élever de deux demi-tons.
7. id. ———— le double bémol (♭♭) ?	7. Pour baisser de deux demi-tons.

CHAPITRE VII.

Représentation des vingt-quatre tons.

D.	R.
1. Comment peut-on trouver un ton relatif mineur d'un ton majeur ?	1. Quand on descend trois demi-tons d'un ton majeur.
2. Comment peut-on trouver un ton majeur relatif au mineur ?	2. Quand on monte trois demi-tons d'un ton mineur.
3. Quel est le ton relatif mineur du ton d'ut majeur ?	3. C'est La mineur.
4. Quel est celui de sol majeur ?	4. C'est Mi mineur.

D.	R.
5. Dans quel ton est écrit un morceau de musique si à la clef il n'y a ni dièse ni bémol?	5. En Ut majeur ou en La mineur.
6. Un dièse à la clef quel ton?	6. Ton de Sol majeur ou Mi mineur.
7. Dans quel ton est-on avec deux dièses à la clef?	7. En Ré majeur ou en Si mineur.
8. id. ———— avec trois dièses?	8. En La majeur ou en Fa ♯ mineur.
9. id. ———— avec quatre dièses?	9. En Mi majeur ou en Ut ♯ mineur.
10. id. ———— avec cinq dièses?	10. En Si majeur ou en Sol ♯ mineur.
11. id. ———— avec six dièses?	11. En Fa♯ majeur ou en Ré♯ mineur.
12. id. ———— avec un bémol?	12. En Fa majeur ou en Ré mineur.
13. id. ———— avec deux bémols?	13. En Si ♭ majeur ou en Sol mineur.
14. id. ———— avec trois bémols?	14. En Mi ♭ majeur ou en Ut mineur.
15. id. ———— avec quatre bémols?	15. En La ♭ majeur ou en Fa mineur.
16. id. ———— avec cinq bémols?	16. En Ré ♭ majeur ou en Si ♭ mineur.

D.	R.
17. Comment se posent les dièses?	17. De quinte en quinte en montant.
18. id. les bémols?	18. De quinte en quinte en descendant.
19. Où se posent les dièses?	19. Le 1er sur Fa, le 2e sur Ut, le 3e sur Sol, le 4e sur Ré, le 5e sur La, le 6e sur Mi.
20. Où se posent les bémols?	20. Le 1er sur Si, le 2e sur Mi, le 3e sur La, le 4e sur Ré, le 5e sur Sol.

CHAPITRE VIII.

Des intervalles.

Les intervalles se forment par la distance d'un ton à un autre, on les nomme: Secondes, Tièrces, Quartes, Quintes, Sixtes, Septièmes et Octaves.

Exemple.

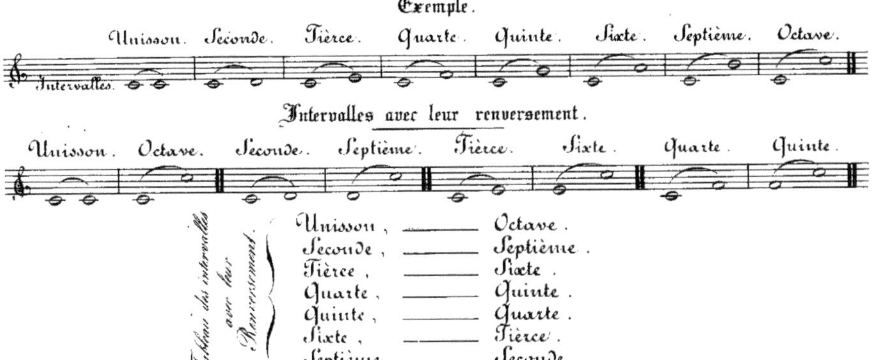

Intervalles avec leur renversement.

Tableau des intervalles avec leur Renversement.

Unisson,	———	Octave.
Seconde,	———	Septième.
Tièrce,	———	Sixte.
Quarte,	———	Quinte.
Quinte,	———	Quarte.
Sixte,	———	Tièrce.
Septième,	———	Seconde.

D.	R.
1. De combien de positions diatoniques l'intervalle de seconde est-il formé ?	1. Il est formé de deux positions diatoniques sur la portée, Ex: ut-ré, ré-mi, mi-fa &a.
2. et l'intervalle de tierce ?	2. De trois positions diatoniques, Ex: ut, ré, mi; ut-mi tierce.
3. et l'intervalle de quarte ?	3. De quatre positions diatoniques, Ex: ut, ré, mi, fa; ut-fa quarte.
4. et l'intervalle de quinte ?	4. De cinq positions diatoniques, Ex: ut, ré, mi, fa, sol; ut-sol quinte.
5. et l'intervalle de sixte ?	5. De six positions diatoniques, Ex: ut, ré, mi, fa, sol, la; ut-la sixte.
6. et l'intervalle de septième ?	6. De sept positions diatoniques, Ex: ut, ré, mi, fa, sol, la, si; ut-si septième.
7. et l'intervalle d'octave ?	7. Il comprend huit positions diatoniques sur la portée, Ex: ut, ré, mi, fa, sol, la, si, ut; ut-ut octave.

CHAPITRE IX.

Mouvement.

Le degré de vitesse ou de lenteur que l'on donne à la mesure se nomme mouvement. On distingue cinq mouvements principaux qui s'indiquent en tête des morceaux de musique par les mots italiens: Largo, Adagio, Andante, Allegro, Presto.

Chacun des cinq mouvements principaux se subdivise en mouvements intermédiaires.

Echelle proportionnelle des mouvements intermédiaires entre le plus lent et le plus vif.

Les cinq mouvements principaux.	*Mouvements intermédiaires et mots relatifs au caractère et à l'expression.*
Largo *ou* Lento *(lentement.)*	Larghetto *(moins lent que* Largo.
Adagio *(à l'aise, posément.)*	———
Andante *(modéré, avec grâce)*	Andantino *(moins lent que l'*Andante.
	Allegretto *(gracieux, léger.)*
	___ Giusto, à quatre temps *(presque aussi lent que l'*Andante.
	___ Moderato *(modéré.)*
	___ Commodo *(sans presser.)*
	___ Maestoso *(majestueux.)*
	___ Tempo di marcia *(mouvement de Marche.)*
Allegro *ou* All°. *(vif ou gai)*	___ Brillante *(brillant.)*
	___ Mosso *(ému, animé.)*
	___ Con Anima *(avec âme.)*
	___ Agitato *(avec agitation, trouble.)*
	___ Vivace *(vivement.)*
Presto *(vite.)*	Prestissimo *(plus rapide que presto.)*

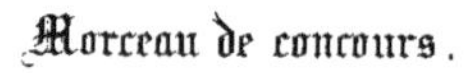

Morceau de concours.

Toutes les mesures de l'exercice suivant sont différentes entre elles.

Andante.

Canon à six parties. A, B, C, D, E, F.

Canon à trois parties. A, B, C.

Canon à trois parties, A, B, C.
(B. W.)
Allegro.
N.º 3.
A
B
C
Aux goûts de nos a - mis sa - cri - fi - ons les no - tres, et même en nous pri vant prève - nons, prève - nons leurs dé - sirs. Et même en nous pri - vant prève - nons leurs dé - sirs. Aux &c.
Marche en écho à deux parties, A, B.
(Paroles de M. Morel de Vindé)
Allegro.
N.º 4.
A
B
Point de lu - xe coû - teux, de pa - re - res fu - ti - les, de dé - pen - ses en - fin qui n'ont qu'un vain é - clat; qui n'ont qu'un vain é - clat, qu'un vain é - clat; on est ri - che tou - jours, quel que soit son é - tat, quel que soit son é - tat, quand on ne se per - met que les cho - ses u - ti - les, que les cho - ses u - ti - - les.

www.ingramcontent.com/pod-product-compliance
Ingram Content Group UK Ltd.
Pitfield, Milton Keynes, MK11 3LW, UK
UKHW020235180726
13838UKWH00005B/2390

9 782329 338453